É hora de mudar!

Edição: Lidia María Riba
Direção de arte: Trini Vergara
Desenho: María Inés Linares
Tradução para o português: Adriana Toledo de Almeida

www.livropresente.com

Rua José Felix de Oliveira, 1205 - CEP 06708-645
Granja Viana - São Paulo - Brasil
Tel./Fax: (55-11) 4612-2866
e-mail: editoras@livropresente.com.br

ISBN 978-85-7683-022-1

Impresso na China
Printed in China

Ferri, Laura
É hora de mudar! / Laura Ferri; [desenho María Inés Linares; tradução para o português Adriana Toledo de Almeida].
Cotia, SP: Vergara & Riba Editoras, 2005.
Título original: Es hora de cambiar

ISBN 978-85-7683-022-1

1. Citações 2. Máximas 3. Mudança
I. Linares, María Inés. II. Título.
05-6081 CDD-808.882
Índices para catálogo sistemático:
1. Mudança pessoal: Citações: Coletâneas: Literatura 808.882
2. Mudança pessoal: Máximas: Coletâneas: Literatura 808.882

É hora de mudar!

Laura Ferri

V&R
EDITORAS

Talvez você não saiba explicar bem
o que está acontecendo com você,
mas algo em seu interior está lhe enviando
uma mensagem. Você pressente alguma
coisa, mas ao mesmo tempo nega,
porque lhe dá um certo medo. Contudo,
há sinais que lhe indicam aquilo
de que você está precisando inexoravelmente:
uma mudança.

Na vontade de um homem
está o poder de desejar
o que transforma
sua névoa interior em sol.
KHALIL GIBRÁN

Mude antes de ser
obrigado a mudar.
JACK WELCH

Sinais

Convite

Você não esperava, mas o próprio destino coloca
diante de você um desafio, uma prova.
A vida o convida a dar novos passos,
por outros caminhos. Você percebe uma tentação
ao desconhecido. Não tenha medo, você tem a coragem
necessária para se atrever a mudar de rumo.

O homem inovador vê a mudança como algo saudável e, mesmo que não necessariamente sempre se encarregue de realizá-la, ele a busca e a enfrenta como se fosse uma oportunidade.

HEBERTO MAHON

O tempo muda tudo, exceto algo que existe em nosso interior e que se surpreende com cada mudança.

THOMAS HARDY

Claro que não é simples; você tinha o hábito de fazer certas coisas sempre da mesma maneira. Talvez você pense que precisa de mais tempo para tomar a decisão, que não é o momento oportuno, que ainda não estão dadas todas as condições... Entretanto, a gestação da mudança já começou. Não adie mais. O dia para começar é hoje.

Não importa quanto tempo perdemos até agora. Ainda temos o que resta de hoje.

DENNIS WAITELY

A palavra é transformação. Só poderemos realizar o processo de transformação no momento presente.

THICH NHAT HANH

Hoje

Começo

Prender-se ao conhecido, ao habitual e rotinerio, dá certa segurança, mas, às vezes, pode ficar um pouco chato. Tudo se renova a cada dia. Você já percebeu que nenhum amanhecer é igual ao anterior? Comece mudando sua visão e o modo como você percebe e reflete o mundo e, em pouco tempo, você vai perceber a diferença: você conseguiu modificar não só o seu interior, mas seu entorno. Tudo, ao seu redor, vai ser beneficiado. É um bom começo.

Nada é chato porque tudo muda constantemente. O tédio não está no mundo, mas na maneira em que vemos o mundo.

PAULO COELHO

Empurrados por nossa própria insatisfação, daremos os passos necessários para sair do estancamento e começar a buscar outros caminhos e novas respostas.

M. SCOTT PECK

Nossa própria resistência à mudança pode nos provocar, em algum momento, uma sensação de fastio com a qual não é bom conviver. E uma vez que ela chega, a única solução é combatê-la, porque dificilmente essa sensação vai desaparecer sozinha. Cada um de nós pode fazer algo para que ela não se instale em nossa existência. Se você se mantiver sempre em movimento e fizer novos planos, vai evitar que sua vida caia na rotina e na calmaria.

Movimento

Uma mente poderosa está quase sempre acesa e esperando ser ativada. Cada um é, então, um ponto de partida em um número infinito de caminhos, sempre adiante, expandindo-se.

WILLIAM GLASER

Quem pretender uma felicidade e uma sabedoria constantes, deverá se adaptar a mudanças freqüentes.

CONFÚCIO

Você pode lutar contra a rotina com otimismo, criatividade e perseverânça. Quando o impulso de mudar tiver surgido em você, busque toda a sua força e experiência para não fraquejar, para não se deixar vencer, para seguir pelo novo caminho, apesar das dificuldades que podem aparecer. Talvez se produza muita adrenalina nesta emocionante aventura de renovar sua vida, mas você verá que isto é muito gratificante.

No movimento há vida e na mudança há poder.

ALAN COHEN

Vivemos enquanto nos renovamos.

HENRI AMIEL

Aventura

Talvez você ache que perdeu o último trem que poderia levá-lo a essa situação ou a esse estado que você tanto deseja. Talvez sinta que seu tempo para fazer algo novo já passou. Mas não é verdade: jamais se perde a capacidade de mudar, nem mesmo com os anos. Nunca é tarde para dar uma virada em sua vida, inclusive, se essa virada for de 180° e você quiser começar tudo do zero.

Recomeçar

Você não pode fazer
muita coisa a respeito
da longevidade da sua vida,
mas sim pode fazer muito
por seu alcance
e por sua profundidade.
Shira Teherani

Nunca é tarde demais para ser
o que se poderia ter sido.
George Eliot

O que nos diferencia do resto das criaturas é a faculdade de escolher, de decidir, de abraçar outras causas e de nos redefinir a partir de nossa vontade. Podemos nos recriar ou nos reconstituir a partir de nossas antigas formas ou romper com tudo e renascer originais, diferentes, irreconhecíveis e, como crianças, brincar de ser outros, apesar de continuar sendo nós mesmos.

Renascer

A partir de amanhã,
começarei a viver uma vida mais saudável,
ou seja, amanhã começarei a percorrer melhores caminhos,
o melhor tabaco e também, por que não, as melhores maçãs,
a melhor diversão na melhor mesa, o melhor dos vinhos.

ALBERTO CORTEZ

Criação

Desenhe sua vida segundo o modelo que quiser alcançar, como um artista que cria diante da tela em branco ou trabalha seus materiais sem forma para depois transformá-los em uma figura. Você pode se recriar ao seu gosto, até ficar completamente contente com o que você é e com a vida que você escolheu.

Existir é mudar, mudar é amadurecer, amadurecer é continuar na recriação de si mesmo, infinitamente.

HENRI BERGSON

Na arte de viver, o homem é, ao mesmo tempo, o artista e a obra de arte, é o escultor e o mármore.

ERICH FROMM

Não deixe de esculpir sua própria estátua.

PLOTINO

Haverá uma luta em seu interior. Motivos que farão você duvidar, medos, incertezas. Não desista. Existe a promessa de algo excelente para você em algum lugar deste mundo. Você pode e merece alcançar seu objetivo.
Confie em você mesmo e acredite que Deus vai ajudá-lo.

A mudança é um ato de fé. Nasce da luta entre o velho e o novo. Toda mudança responde a forças superiores. Por isso, não há motivo para se arrepender da transformação.

I CHING, HEXAGRAMA 49

A mudança é tão inexorável quanto o tempo e, contudo, poucas coisas encontram tanta resistência.

BENJAMÍN DISRAELI

Promessa

Decisão

Não tenha dúvidas, se você não ficar imóvel, uma vez que você começar a se mexer, nada vai permanecer da mesma maneira. Se você já tomou esta decisão é porque há coisas que não lhe satisfazem, que o colocam de frente com a frustração e porque você quer viver melhor do que vive.
Medite uns instantes e analise o que você precisa para conseguir mudar. Quando você descobrir, sem perder nem um minuto, saia para alcançar seu objetivo. Há outras pessoas que, como você, também estão mudando. Você verá que este impulso vai lhe provocar, quase que imediatamente, uma profunda sensação de liberdade.

Cavalgando na Mudança se ingressa à Liberdade.

Cheng Tzu-Ang

O importante é trabalhar pela mudança.
Cada um na sua vez.
Cada qual em seu lugar.

Thiago De Mello

Dentro dessa liberdade está o próprio fluir da vida, uma maneira natural em que as coisas se encaminham e vão levando você, como a corrente das águas à desembocadura de algo maior, mais extenso que o passado. Há momentos para planejar e controlar, mas há outros para improvisar e deixar que a vida nos surpreenda, para ver o que ela nos preparou. Abandone-se, de vez em quando, e deixe-se levar por essa corrente sábia e natural.

A liberdade e a felicidade se encontram na flexibilidade e na naturalidade com que nos movemos pela mudança.

JACK CORNFIELD

Surpresas

As mudanças positivas são sempre uma evolução, subir a outra instância, progredir. Às vezes, não as percebemos no momento em que chegam e nos apegamos, com obstinação, a certas situações. Mas, se quando acontecer algo novo, evitarmos o estancamento, conseguimos aprender e temos mais oportunidades ao alcance das mãos.

A revolução chamada "mudança" inspira a evolução chamada "crescimento".

LORI GIOVANNONI

Estar dispostos a sacrificar o que somos por aquilo em que podemos nos transformar. Isso é o importante.

CHARLES DU BOS

Evolução

As pessoas que o conhecem
acham que sabem como você
vai responder ou reagir
diante de determinadas situações.
Você mesmo já dever ter pensado
alguma vez que não tinha segredos
para ninguém, que as pessoas
já tinham descoberto como você é
e sabiam o que esperar
de sua forma de ser.
De certo modo,
isso o torna vulnerável.

Hábitos

O hábito de ter hábitos, de transformar um caminho em caminho trilhado, é o que se deve combater incessantemente se você quiser continuar vivo.

EDITH WHARTON

A constância de um hábito costuma estar em relação com seu absurdo. Os atos brilhantes se realizam de forma repentina.

MARCEL PROUST

Nada constitui uma verdade
irrevogável. Comece a supreender
as pessoas com uma pequena atitude,
uma resposta ou uma mudança
de roupa que chame a sua atenção.
Mostre ao mundo que você pode
modificar uma maneira de ser rígida,
que não lhe convém. Corra o risco.
Atreva-se a conseguir que os outros
reparem em você e murmurem
sobre suas mudanças. Você verá
o quão gratificante é, como aumenta
sua auto-estima e sua segurança
para animar-se a mudar ainda mais.

Atrever-se

Tente fazer algo que você nunca fez e repita isso três vezes. A primeira, para superar o medo. A segunda, para aprender como fazer isso. A terceira, para ver se você gostou realmente.

VIRGIL GARNETT THOMSON

Atrever-se é perder o equilíbrio momentaneamente. Não se atrever é perder a si mesmo.

SOREN KIERKEGAARD

Suas mudanças provocarão certo vendaval em sua vida cotidiana e na relação com as pessoas que o cercam: namorado, namorada, família, amigos, colegas de trabalho. Isto acontece porque freqüentemente tudo o que é novo, no começo, aparenta ser muito estranho, mesmo que signifique um enriquecimento que vai lhe abrir novas portas e novas relações. Tenha paciência para esperar que as outras pessoas aceitem a sua renovação e se adaptem. Depois, elas mesmas vão animar você e lhe darão energia quando descobrirem que a mudança é algo necessário e positivo para você.

Ninguém deve ser escravo de sua identidade: quando surge uma possibilidade de mudança, é preciso mudar.

Eliot Gould

Entorno

Personalidade

Entregar-se à possibilidade de uma mudança não implica abandonar todas as nossas singularidades. Há coisas que é bom conservar. Uma pessoa equilibrada possui qualidades inalteráveis que a trouxeram até este ponto do caminho, que fizeram dela um ser especial e único.

Tem sucesso quem continua com o velho quando ainda lhe serve e aceita o novo quando lhe for mais conveniente.

ROBERT P. VANDERPOEL

Aprenda a ser flexível. Isto vai lhe dar muitas possibilidades de manobrar quando aparecer uma curva em seu caminho.

CHÉRIE CARTER-SCOTT

Seja corajoso, arrisque-se e tome coragem para viver aventuras e experimentar novas sensações. Estas vivências nos fazem crescer e ficam para sempre em nossas lembranças.
Quanto mais emoções você descobrir, mais insuspeitas inquietudes e energias surgirão. E assim seu olhar se abrirá a novos horizontes, a diferentes caminhos ou distantes paisagens no mundo exterior... em sua mente.

Ao andar se faz o caminho
e ao voltar seus olhos para trás
se vê o caminho que nunca
voltaremos a pisar.
Caminhante não há caminho,
mas sim estrelas no mar.
ANTONIO MACHADO

Novos caminhos

Infinito

O Universo é imenso e inesgotável.
Suas possibilidades para mudar são infinitas.
Às vezes, as pessoas têm medo das mudanças porque acham que podem se enganar e depois ter que conviver para sempre com seus erros. Mas a vida se renova constantemente; haverá novos problemas, mas também novas soluções.
Se você se enganar ao mudar algo, poderá corrigir o erro mudando uma vez mais. Nada é definitivo.

Qualquer coisa é um caminho entre um milhão de caminhos.

CARLOS CASTANEDA

Você comete o maior erro quando, por medo de errar, erra deixando de se arriscar em seu caminho.

RENÉ TROSSERO

Oportunidades

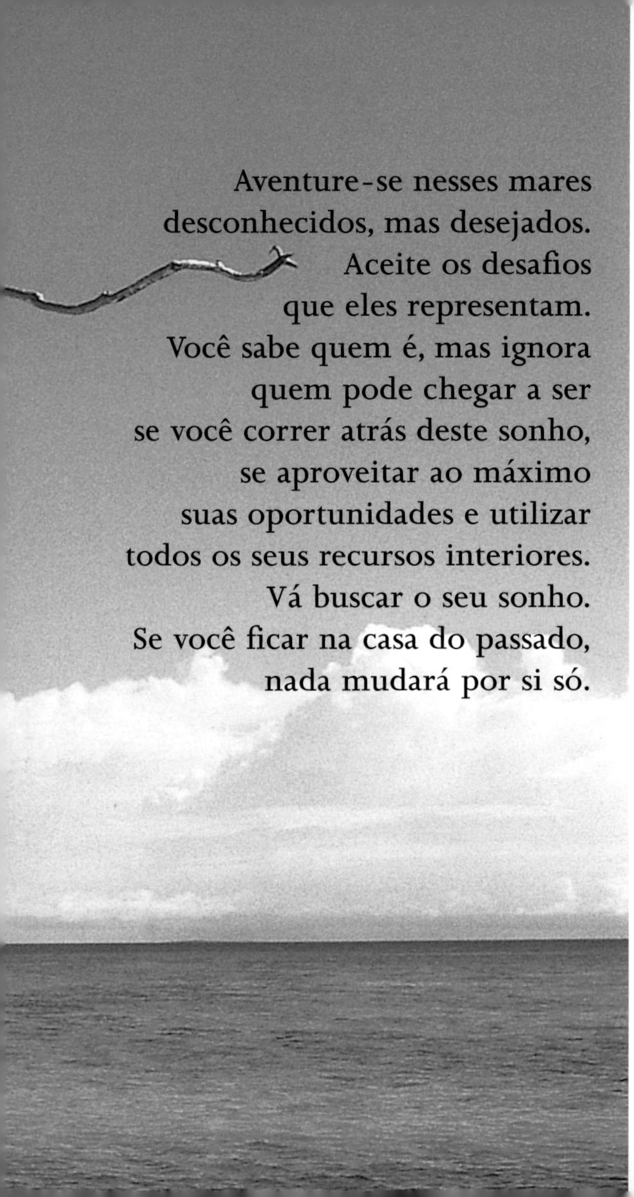

Aventure-se nesses mares
desconhecidos, mas desejados.
Aceite os desafios
que eles representam.
Você sabe quem é, mas ignora
quem pode chegar a ser
se você correr atrás deste sonho,
se aproveitar ao máximo
suas oportunidades e utilizar
todos os seus recursos interiores.
Vá buscar o seu sonho.
Se você ficar na casa do passado,
nada mudará por si só.

As oportunidades
que aproveitamos
se multiplicam.

SUN TZÉ

Jamais choverá rosas;
quando queremos
ter mais rosas,
temos que plantá-las.

GEORGE ELIOT

Aí fora existe todo um mundo
esperando por você e você pode encontrá-lo
hoje mesmo, não em um futuro distante.
O simples fato de uma decisão vai levá-lo
até ele. Não adie mais a sua felicidade;
preste atenção nos sinais: você nunca sabe
que novas oportunidades cada dia lhe traz.
Não espere um milagre: o milagre é você.
Festeje cada momento, celebre as bênçãos
da sua vida e lembre-se sempre de que se algo
o inquieta, ou o faz sofrer, ou não acontece
como você quer, você sempre pode mudar.

Despertar

Amanhã eu espero despertar cantando.

MATILDE ALBA SWANN

Só é capaz de realizar seus sonhos aqueles que, quando chega a hora, sabem estar acordados.

LEÓN DAUDET

Não forme parte do público na obra
da sua vida. Você conseguiu o papel
principal, é o protagonista. E, como
os atores, é capaz de mudar seu papel,
mas sempre está no centro da cena.
As luzes se acendem, as cortinas se abrem...
Entre agora mesmo no palco.
Sem medo, sem timidez, sem inibições.
O teatro inteiro cairá rendido
aos seus pés. Mantenha a fé e a calma.
Renove-se para viver melhor e você
escutará os aplausos. São o prêmio
à coragem para quem toma decisões
e se atreve a pular sem rede rumo
às suas aspirações e aos seus sonhos.

Viver melhor

O que importa o que fica para trás?
A vida começa todos os dias.

ALEJANDRO DENEVI

Sua opinião é muito importante para nós!

Escreva-nos um e-mail para **opiniao@livropresente.com.br**
com o título deste livro no "Assunto".

www.livropresente.com